FIFTEEN ARIAS
for
Coloratura Soprano

Ed. 1789

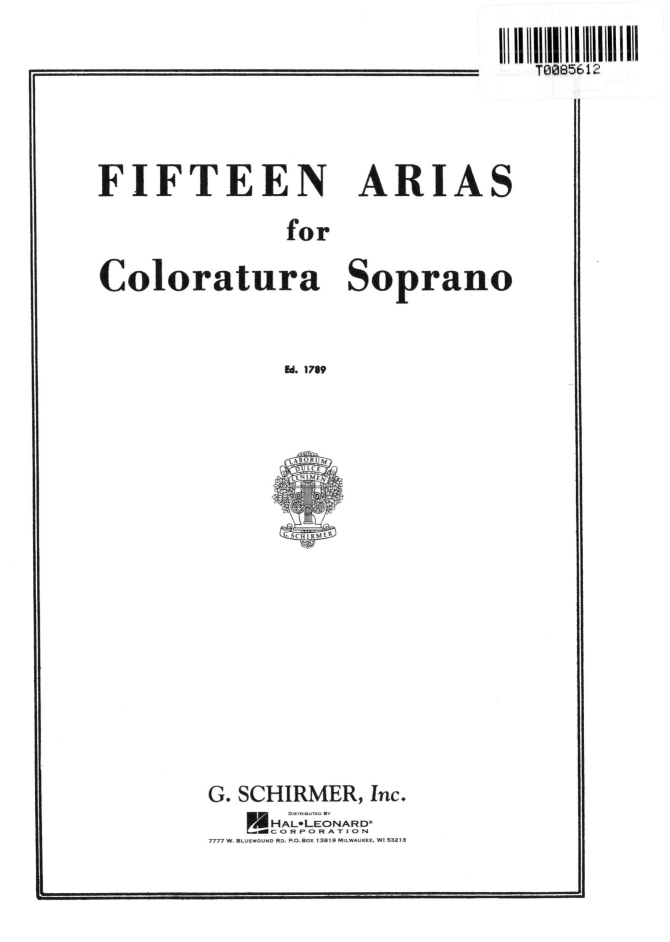

G. SCHIRMER, Inc.

DISTRIBUTED BY

HAL•LEONARD®
CORPORATION

7777 W. BLUEMOUND RD. P.O. BOX 13819 MILWAUKEE, WI 53213

INDEX BY COMPOSERS

40448

Scène et Air des Bijoux
Jewel Song
Aria di Margherita
from the opera "Faust"

English version by
H. T. Chorley
Revised by Theodore Baker

Charles Gounod

40448

veil - le?   Mes yeux n'ont ja-mais   vu   de ri-ches - se pa-
wak - ing?   *Oh, nev - er   in my*   *life have   I seen   aught so*
de - sta?   Non vi - di in vi - ta   mi - a   ric-chez-za e-gual   a

Allegro non troppo

reil - le!
love - ly!
que - sta!

(Puts down the casket, and kneels to adorn herself with the jewels)

Si j'o-sais   seu-le-ment Me pa - rer   un mo-
If I dared,   *on-ly dared for a mo - ment to*
Non v'è al-cun; co-me far! Pos-so al-men   at-tac-

ment   De ces pen-dants d'o - reil - le!   Ah! Voi-ci jus-te-
try   *this love-ly pair of ear - rings!*   *Ah!* *and here just at*
car   Ques-ti be - gli o-rec-chi - ni!   Ah! V'è quì bell' e

ment, au fond de la cas-set-te, Un mi-roir! Com-ment n'ê-tre pas co-
hand with-in the lit-tle cas-ket, is a glass! Who could re-sist it an-y
pron- to,in fon-do_al cas-set-ti - no un cri-stal, per po-ter mi-rar-mi_in

quet - te? Com - ment n'ê-tre pas co-
long - er? Who could re-sist it an - y
es - so! Va - na-rel - la so-no_a-

Air des Bijoux. *Jewel Song*

Allegretto ♩. = 50

quet - te?
long - er?
des - so?

Ah!
Ah!
Ah!

40448

Je ris____ de me voir Si belle en ce mi-roir,____
*the joy____ past compare, These jew-els bright to wear!*____
E stra - no po-ter il vi-so suo ve-der.____

Ah! je ris____ de me voir Si belle en ce mi-roir; Est - ce
Ah! the joy____ past compare, These jew - els bright to wear! Is it
Ah! mi pos - so guar-dar, mi pos-so ri-mi-rar— Dì, sei

toi,____ Mar - gue - ri - te, Est-ce toi?
thou,____ Mar - ga - ri - ta, is it thou?
tu?____ Mar - ghe - ri - ta! Dì, sei tu?

Ré-ponds-moi, ré-ponds-moi, ré-ponds, ré-ponds, ré-ponds
Now re - ply, now re - ply! Tell me, tell me, tell me
Dim - mi sù! dim - mi sù! dim - mi, dim - mi, dì sù

(putting on earrings, and looking at herself in the glass)

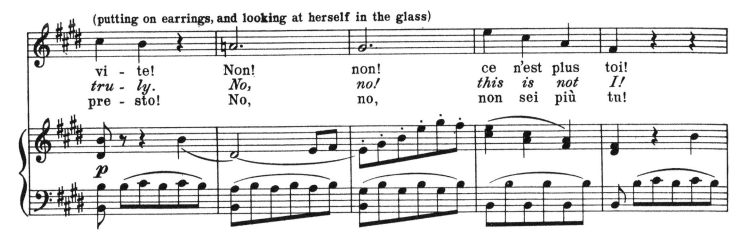

vi - te! Non! non! ce n'est plus toi!
tru - ly. No, no! this is not I!
pre - sto! No, no, non sei più tu!

non! non! Ce n'est plus ton vi - sa - ge; C'est la
No, sure - ly en - chant - ment is o'er me! Some king's
no! no, non è più il tuo sem - bian - te, È la

fil - le d'un roi, C'est la fil -
daugh - ter I spy, some king's daugh -
fi - glia d'un re! È la fi -

le d'un roi! Ce n'est plus toi, Ce n'est plus toi,_____
ter I spy, This is not I, this is not I,_____
glia d'un re! Non sei più tu, Non sei più tu,_____

C'est la fil - le d'un roi, Qu'on sa - lue au pas - sa - ge!
Some king's daugh-ter I spy, All are bend-ing be - fore me!
È la fi - glia d'un re, che o-gnun dee sa - lu - ta - re.

Ah! s'il é - tait i - ci! S'il me voy - ait ain - si!
Ah, might it on - ly be! Were he but here to see!
Ah! s'e - gli qui fos - se per co - sì ve - der - mi,

Comme u - ne de-moi - sel - le Il me trou-ve - rait bel - le,
Now as a roy-al la - dy He would in-deed a - dore me!
Co - me u - na da-mi - gel - la, mi tro - ve - reb-be bel - la!

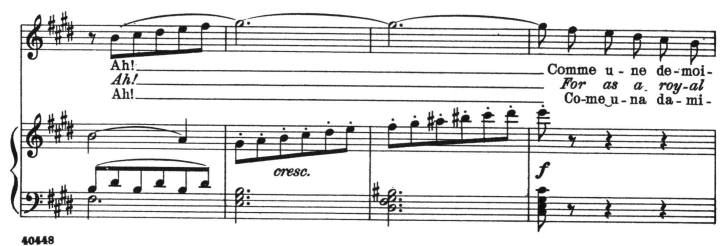

Ah! _____ Comme u - ne de-moi-
Ah! _____ For as a roy-al
Ah! _____ Co-me u - na da-mi-

selle Il me trou-ve-rait bel - le,   Comme u - ne de-moi-
la - dy   he would now a - dore   me,   for   as   a   roy-al
gel - la, mi tro-ve-reb-be bel - la!   Co-me u - na da-mi-

selle Il me trou-ve-rait bel - le!
la - dy   he would now a - dore ___ me!
gel - la, mi tro-ve-reb-be bel - la!

A-che - vons la mé-ta-mor-pho-se.
Here are more, read-y to a - dorn me!
Pro-se - guia - mo l'a-dor-na-men-to,

Il me tarde en - cor d'es-say - er Le bra - ce - let et le col-
I can hard-ly wait to try on this bracelet here, the neck-lace
Vo' pro - va-re_an-cor, se mi stan lo sma - ni - glio_ed il mo-

Poco più lento *tornando*

lier!
yon!
nil!

trem.

p tornando

a poco a poco al tempo I°

Dieu!_____ c'est comme u - ne main, qui sur mon bras se
Ah!_____ it is like a hand laid on my arm t'op -
Ciel!_____ È co-me_u - na man, che __ sul brac - cio mi

a poco a poco al tempo I°

po - se! ah! ah!____ ah!_____
press me! Ah! ah!____ ah!_____
po - sa. Ah! ah!____ ah!_____

cresc. *f* *dim.*

Horns

Tempo I°

Je ris ___ de me voir Si belle en ce mi - roir! Ah! je ris ___
the joy ___ past compare, These jew - els bright to wear! *Ah! the joy ___*
Io ri - do in po - ter me stes - sa quì ve - der! ah! io ri -

pp   *leggero*

___ de me voir Si belle en ce mi - roir! Est - ce toi, ___
___ past compare, These jew - els bright to wear! *Is it thou, ___*
- do in po - ter me stes - sa quì ve - der! Non sei tu? ___

cresc.

Mar - gue - ri - te, Est - ce toi? Réponds - moi, ré - ponds - moi,
Mar - ga - ri - ta, is it thou? Now re - ply, now re - ply,
Mar - ghe - ri - ta, Non sei tu? dim - mi sù, dim - mi sù,

p   *cresc.*

Optional cut to first measure of page 17

réponds, réponds, réponds vi - te! Non! non! ce n'est plus toi!
tell me, tell me, tell me tru - ly! No, no! this is not I!
dim - mi, dim - mi, dì sù pre - sto! No, no, non sei più tu!

Optional cut to last measure of page 16

dolce

dim.   *p*

non! non! Ce n'est plus ton vi - sa - - ge; C'est la
No, sure - ly en - chant - ment is o'er me! Some king's
no! no, non è più il tuo sem - bian - te, È la

fil - - le d'un roi, C'est la fil - -
daugh - - ter I spy, some king's daugh - -
fi - - glia d'un re! È la fi - -

le d'un roi! Ce n'est plus toi, Ce n'est plus toi,_____
ter I spy, This is not I, this is not I,_____
glia d'un re! Non sei più tu, Non sei più tu,_____

_____ C'est la fil - le d'un roi, Qu'on sa - lue au pas - sa - ge!
_____ Some king's daughter I spy, All are bend - ing be - fore me!
_____ È la fi - glia d'un re, che o - gnun dee sa - lu - ta - re.

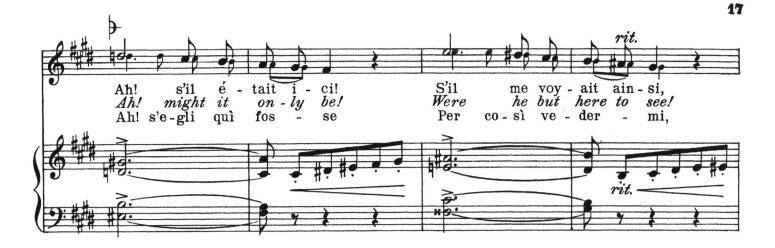

Ah! s'il é - tait i - ci! S'il me voy - ait ain - si,
Ah! might it on - ly be! Were he but here to see!
Ah! s'e - gli quì fos - se Per co - sì ve - der - mi,

Comme u - ne de - moi - sel - le Il me trou - ve - rait bel - le,
Now as a roy - al la - dy he would in - deed a - dore me!
Co - me u - na da - mi - gel - la, mi tro - ve - reb - be bel - la!

Ah! _____ Comme u - ne de - moi - selle Il me trou - ve - rait
Ah! _____ For as a roy - al la - dy he would now a -
Ah! _____ Co - me u - na da - mi - gel - la, mi tro - ve - reb - be

bel - le, Comme u - ne de - moi - selle Il me trou - ve - rait bel - le!
dore me, for as a roy - al la - dy he would now a - dore ___ me!
bel - la! Co - me u - na da - mi - gel - la, mi tro - ve - reb - be bel - la!

Mar - gue - ri - te, Ce n'est plus toi, Ce n'est plus ton vi - sa -
Mar - ga - ri - ta! This is not I! Some en-chant-ment is o'er
Mar - ghe - ri - ta, non sei più tu, Non è più il tuo sem - bian -

ge! Non! c'est la fil - le d'un roi, _____ Qu'on sa -
me, No, some king's daughter I spy, _____ All are
te. No! È la fi - glia d'un re! _____ Che o-gnun

lue au pas - sa - - - ge!
bend-ing be - fore _____ me!
dee sa - lu - ta - - - re.

Où va la jeune Indoue
Indian Bell Song
from the opera "Lakmé"

English version by
Charlotte H. Coursen

Léo Delibes

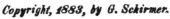

Andante.

Où va la jeune In-doue, Fil-le des Pa-ri-as, Quand la lu-ne se
Where roams the dusky maiden, The lonely Pariah child Mid the tender-leaved mi-

jou-e___ Dans les grands mi-mo-sas? Quand la lu-ne se jou-
mo-sas___ Spread in the moonlight mild? Mid the tender-leaved mi-mo-

Tempo I.
Andante.

-e Dans les grands mi-mosas?___ El-le court sur la mous-se
sas Spread in the moonlight mild?___ O'er the moss is she fly-ing

Et ne se souvient pas___ Que partout___ on re - pousse___ L'en-fant des pa-ri-
And she has ceased to feel___ That to her, a Pariah maiden,___ Is every heart of

as; El - le court sur la mous - - se, L'enfant des pa - ri - as;_____
steel. O'er the moss is she fly - - ing, The lonely Pariah child,___

Le long des lauriers ro-ses, Rê-vant de douces choses, Ah!_____
Past the laurels all gleaming, Still of fai-ryland dreaming, Ah!____

___El - le pas-se sans bruit Et ri - ant à la nuit,_____ à_____ la
___On with footsteps so light, Laughing out to the night,_____ to_____ the

molto rall.

rall.

p

pp

suivez.

2 Ped.

Allegro moderato.

nuit!
night!

La-bas   dans la fo-rêt plus som-bre,
With-in   the for-est deep and som-bre,

Quel est   ce vo-yageur per-du?
Some lone-ly man has lost his way,

Au-tour de   lui   des yeux   brillent dans l'om-bre,   Il marche en-
A-mid the   sha-dows wild   bright eyes are shi-ning,   And fierce-ly

co-re au ha-sard,   é-per-du!   Les   fau-ves rugis-sent de
watch there, grim and still,   for their   prey. Now   roars through the forest are

ah! _____ ah! ah! ah! ah! ah! ah! _ ah! ah! ah! ah!

ah! ah! ah! _ ah! ah! ah! ah! ah! ah! ah! ah! ah! ah! ah! ah! ah! ah! ah! ah!

VAR.

ah! ah! ah! ah! ah! ah! ah! ah! ah! _____ L'é-tran-
Then he

ger la re - gar-de, _____ El-le reste è-blou - i - _ e. Il est plus
looks at her standing _____ With a-maze over-la - den, She sees a

beau que les Ra _ jahs! Il rou-gi-ra, s'il sait qu'il doit la vi - e
prince of princes near! But he will blush to take from such a mai - den

A la fil - le des Pa-ri - as.___ Mais lui, l'en-dor - mant dans un
Aught that life or light can hold dear.___ Yet he in his righteous de -

rê - ve, Jusque dans le ciel il l'en-lè - - ve, En lui di -
ci - sion Lifts her in a rapt, wondrous vi - - sion, And whispers

sant: ta place est là! C'é - tait Vish - nou, fils de Brah -
low: Be blest and calm! I Vish-nu am, the son of

40448

ma! De-puis ce jour___ au fond des bois, Le voy-a - geur___ en - tend par-
Brahm! And since that day___ is some-times heard a low, light sound by breezes

pp *pp*

fois___ Le bruit lé - ger de la ba - guet - te Où tin - te la clo-
stirred, The sil - ver bells re - sound-ing, The sil - ver bells re -

suivez.

chet - te, Où tin - te la clo - chet - te, Des char - meurs.___
sounding, Where came the maiden bounding with her charm.___

rall. Tempo I.

rall. *pp*

Ah! ah! ah! ah! ah! ah! ah! ah! ah! ah! ah! ah! ah!

ah! _____ ah! _____ ah! ah!_ ah!

ah! _____ ah! ah!_ ah! ah! ah! ah! ah! ah! ah! ah!_

ah! ah! ah! ah! ah! ah!_ ah! ah! ah! ah! ah! ah! ah! ah!

ah! ah! ah! ah! ah! ah! ah! ah! ah! ah! ah! ah! ah! ah!

a tempo.

poco rall.

suivez.

a tempo.

40448

Ah!

Ah!

ah! ah! ah!

cresc. e accel.

ah! ah! ah! ah!   ah! ah! ah! ah!   ah! ah! ah! ah!   ah!   ah!   ah!

Chacun le sait

All are aware

Ciascun lo dice

from the opera "La Fille du régiment"

J. H. V. de Saint-Georges and Jean Bayard
English version by Willis Wager

Gaetano Donizetti
Revised and edited by Estelle Liebling

40448

ment___ par___ ex - cel - len - ce, Le seul à qui l'on fass' cré-
lence"___ they must ac - claim us. Cred - it we win at ev - 'ry
men - to ch'e - gual non ha;___ Il sol cui cre - di-to con a - mi-

dit Dans tous___ les ca - ba - rets___ de Fran - ce... Le ré - gi-
inn; Through all___ France we are just - ly___ fa - mous. In ev - 'ry
stà Fac - cian le bet - to - le del - la___ cit - tà; Il reg - gi-

ment, en___ tous pa - ys, L'ef - froi des a - mants, des___ ma -
land, when___ we ap - pear, All lov - ers take flight, hus - bands
men - to che o - vun-que an - dò, ma - ri - ti e a - man - ti___ di - sa - ni -

ris... Mais de la beau - té bien su - prê - - me!
fear; But the la - dies fair shun us___ nev - - er.
mò, Del - la bel - tà, oh!___ ben su - pre - mo.

Il est là, il est là, il est là, mor- bleu! Le voi- là, le voi-
Here we come, here we come, here we come, by gar! Here we march, here we
E- gli è là, e- gli è là, e- gli è là, dav- ver, Ve- di là, ve- di

là, le voi- là, cor- bleu! Il est là, il est là, le voi-
march, here we march to war! Here we come, here we come, here we
là, ve- di là, sì, sì, E- gli è là, e- gli è là, Dub-bio non

là, Le_____ beau Vingt- u- niè_____ me! Le_____
are! Our_____ reg- i- ment ev_____ er, The_____
v'ha, Ec- co l'un- de- ci- mo ch'e- gual non ha, Ec- co l'un-

beau Vingt- et- u- niè- me!
Twen- ty- First for- ev- er!
de- ci- mo ch'e- gual non ha.

40448

Tempo I°

Il a ga-gné tant de com-bats, Que notre em-pe-
Vic - t'ries ga - lore come to our corps; Our em - p'ror is
Tan - te bat - ta - glie ei gua - da - gnò, Che il no - stro

reur,____ on le pen-se, Fe - ra cha-cun de ses sol-
proud,____ to us____ par - tail. Af - ter the fray, so peo - ple
Prin - ci - pe già____ de - cre - tò____ Ch'o - gni sol - da - to se in sal - vo an -

dats, A la____ paix, ma - ré - chal____ de____ Fran-ce! Car, c'est con-
say, He will____ make each of us____ a____ mar-shal. For to the
drà, Ge - ne - ra - lis - si - mo di - ven - te - rà;____ Per - chè gli è

le ré-gi-ment / Le plus vain-queur, le____ plus char-
foe great is our harm, / And to the fair great____ is our
que-sto il____ reg-gi-men-to / A cui sia fa-ci-le____ o-gni ci-

rall.

mant, / Qu'un se-xe craint, et____ que l'autre ai - - me.
charm; / Men____ ev-er fear, wo - men fear nev - - er.
men - to; / Che un ses-so te - me, e____ l'al-tro a-do - - ra.

Allegro

Il est là, il est là, il est là, mor-bleu! Le voi-là, le voi-
Here we come, here we come, here we come, by gar! Here we march, here we
E-gli è là, e-gli è là, e-gli è là, dav-ver, Ve-di là, ve-di

là, le voi - là, cor-bleu! Il est là, il est là, le voi-
march, here we march to war! Here we come, here we come, here we
là, ve-di là, sì, sì, E-gli è là, e-gli è là, Dub-bio non

Ardon gl'incensi
("The Mad Scene")
from the opera "Lucia di Lammermoor"

English version by Henry G. Chapman

Gaetano Donizetti (1797-1848)
Edited by Estelle Liebling

40448

sì, ti son re-sa: fug-gi-ta io son da tuoi ne-mi-ci, da_____
Yes, my be-lov - ed, who from thy foes at last have saved___ me, at_____

tuoi__ ne - mi - ci.
last__ have__ saved___ me!

ge-lo mi ser-peg-gia nel sen!
i - cy goes a chill thro' my breast!

tre-ma o-gni fi - bra,
Ah, how I shiv-er!

va-cil-la il
my feet give

piè!... Pres - so la fon - te me-co t'as-si-di al-
way! Here by the well - spring, come, sit thee down be-

me - - co t'as-si - di!

quan - to, sì, pres-so la fon - te me - - co t'as-si - di!
side____ me, yes, here by the well-spring sit_____ ' thee be-side___ me!

Allegretto

Allegro vivace

Ohi - mè!   sor - ge il tre - men - - do fan - ta - sma,
Woe's me!   *Mon-strous the phan - - tom a - ris - es,*

e   ne   se - pa - ra.   .Ohi - mè!   Ohi-
Ah! 'twould di - vide us!   *Woe's me!*   *Woe's*

poco a poco cresc. ed accel.

mè!   Ed-gar - - do! Ed - gar - - do!   ah!
me!   *Ed-gar - - do! Ed - gar - - do!*   *Ah!*

f *terrified*

il_____ fan - ta - sma,   il_____ fan - ta - sma
See,_____ the phan-tom,   *see,_____ the phan-tom*

noz - ze! Il ri - to per noi s'ap-pre - sta! Oh me fe-li - ce! Ed-
mar-riage! *Our wed-ding they are pre-par - ing!* *Oh, I am hap-py!* *Ed-*

Ah_____ ah me_____ fe -

gar-do! Ed-gar-do! Oh_____ me_____ fe -
gar-do! Ed-gar-do! *Oh,_____ oh, now_____ I am*

Allegro

li - ce! Oh gio - ja_ che si_ sen - te, oh gio - ja
hap - py! *The joy I_ feel with - in me,* *the joy I*

che_____ si sen-te

che si_____ sen-te e non si di - - - -
feel with - - in me, *no words can mea - - - -*

-ce e non___ si di - ce!

ce!

sure!

Ar-don gl'in-

The in-cense

Maestoso

Larghetto

cen - si,

ris - es,

sempre cantabile

splen-don le sa - cre

The ho - ly lamps are

fa - ci, splen-don in - tor - no... ec-co il mi - ni-stro...

shin-ing, shin-ing a - round___ us. The priest is wait-ing!

Oh lie - - to gior - - no

por - gi mi la de-stra! Oh lie - - to gior-no! oh___ lie - to!

Come, give me thy hand! O day___ of rap - ture,___ of rap-ture!

colla voce

N.B. More elaborate cadenzas, which may be inserted here, appear on the two succeeding pages.

CADENZA NO. 1*

The same postlude
as on page 42

CADENZA NO. 2*

*There are three cadenzas with flute accompaniment which have become more or less traditional in the singing of this aria.

For practical purposes the various sections of each cadenza have been lettered. This enables the singer to choose and combine the passages she prefers.

For example: It is possible to sing:

A of Cadenza 1, B of Cadenza 2, C, D and E of Cadenza 1, and conclude with D of Cadenza 3. Or

A and B of Cadenza 3, then insert E of Cadenza 2, and conclude with D of Cadenza 3.

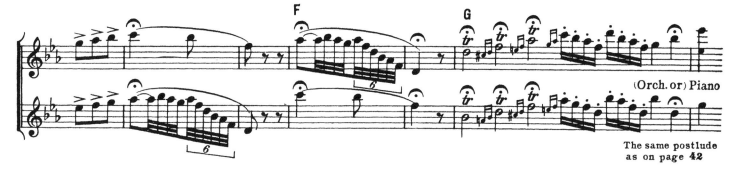

The same postlude
as on page **42**

CADENZA NO. 3*

Voice

Flute

The same postlude
as on page **42**

Caro nome che il mio cor

Held within my inmost heart

from the opera "Rigoletto"

English version by
Natalia Macfarren

Giuseppe Verdi
Edited by Estelle Liebling

40448

Allegro moderato

Ca - ro no - me che il mio
Held with - in my in - most

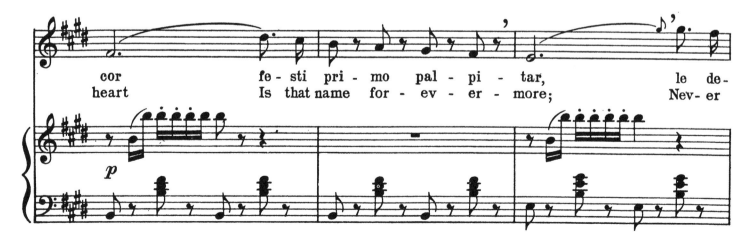

cor   fe - sti pri - mo pal - pi - tar,   le de-
heart   Is that name for - ev - er - more;   Nev - er

Col_ pen-sier il mio de-sir
Thou to_ me art ev- er near,

a te sem-pre vo-le - rà,_____
Ev'ry tho't to thee will fly,_____

_____ e fin l'ul-ti-mo_ mi-o_ so-spir, ca - - ro_
_____ Life for thee a - lone is dear, is dear to me, Thine, _____ ah,

no-me,ah _____ ca-ro no-me tuo sa - rà.
thine _____ my_ part - ing_ sigh.

colla voce   colla voce

Col_ pen-sier il _____
Thou to_ me art _____

mio de-sir
ev- er near,

a te sempre vo-le - rà, _____
Ev'ry tho't to thee will fly, _____

ah, _____ vo-le-un-to
will fly _____

rà, fin l'ul - ti - mo so - spir, _____ fin l'ul - ti - mo so - spir, _____
thee! Life but for thee is dear, _____ life but for thee is dear, _____

ca - - - - - - ro no - me, tuo sa -
Thine _____ shall be my part-ing

rà, ah _____ ca-ro no - me, tuo sa -
sigh, ah, _____ shall be my part-ing

Ah, fors' è lui che l'anima
Is he the one
Recitative and Aria from the opera "La Traviata"*

Francesco Maria Piave
English version by Willis Wager

Giuseppe Verdi
Revised by Estelle Liebling

*Sung by Violetta, this recitative and aria concludes Act I of the opera.

Copyright, 1942, by G. Schirmer, Inc.

40448

mor! Ah!
way, Ah!

sce - - se, e nuo-va feb-bre_ac - ce - - se, de-stan-do-mi_al - l'a - mor!...
foot - steps, Lead-ing me to the thresh-old, Steal-ing my heart a - way...

A quel l'a-mor, quel l'a-mor,___ ch'è pal - - pi-to
Ah, to the love, to the love___ that hold - - eth sway

del - - l'u - ni-ver - - so, del-l'u - - ni-ver-so in -
O'er all cre-a - - tion, o'er all cre - a-tion e -

te - - ro, mi-ste-ri - o - - so, mi - ste-ri-o-so, al -
ter - - nal! Strange is its pow - - er, strange is its pow'r su -

Allegro ♩=120

Fol - li - e! fol - li - e! de - li - rio va - no è
'Tis fol - ly! 'tis fol - ly! For me 'tis emp - ty

que - sto! Po - ve - ra don - na,
mad - ness! Here I am help - less,

so - la, ab - ban - do - na - ta in
lone - ly, by all for - sak - en a -

que - sto po - po - lo - so de - ser - to che ap - pel - la - no Pa - ri - gi, che spe - ro or
mid this waste of myr - iads of peo - ple, this des - ert men call Par - is, how can I

più?   che far deg - g'i - o?   Gio - i - re!   di vo - lut - tà ___ ne'
hope,   how dare I love him?   To plea - sure! in ut - ter joy ___ a -

vor _ _ _ _ _ _ _ _ ti - ci,   di vo-lut-tà pe - rir!   gio -
round _____ to whirl, in ut-ter joy to die!   ah ___

ir!   gio - ir! Ah! _____
joy!   ah ___ joy! Ah! _____

Allegro brillante ♩.=84

sier,
way,

Alfred

A - mor è pal - pi - to del l'u - ni - ver - so,
Love ev - er hold - eth sway O'er all cre - a - tion,

dee___ vo - lar, dee___ vo -
ah___ a - way, ah___ a -

Ossia

lar, ah!___ ah!___ ah!___ ah!___ dee_ vo-lar_ il pen-
way, ah___ ah___ ah___ ah___ all_ my heart must a-

sier,
way,

dee___ vo - lar, dee___ vo -
ah___ a - way, ah___ a -

A - mor è pal - pi - to del l'u - ni - ver - so.
Love ev - er hold - eth sway O'er all cre - a - tion!

Ossia

*The singer may omit the bracketed passage, but the pianist continues playing.

40448

The Queen of Night's Vengeance Aria

from the opera "Die Zauberflöte"*

Original German text by Emanuel Schikaneder
English version by Willis Wager
Italian version by Giovanni de Gamerra

Wolfgang Amadeus Mozart
Edited by Estelle Liebling

* The music was composed for a German libretto, and the opera was so performed at its première in 1791, at Vienna. Three years later it was given at Dresden in an Italian version that had been made by Giovanni de Gamerra, one of Mozart's librettists; and it was in Italian that the opera was given its first London performance.

40448

Fühlt nicht durch dich Sa - ra - stro To - des - schmer - zen, Sa -
If thro' thy pow'r Sa - ra - stro be_ not dy - ing, Sa -
Svel - ga_al fel - lon, svel - ga, Pa - mi - na,_il_ co - re,

ra - stro_ To - des - schmer - zen, so bist du
ra - stro_ be_ not_ dy - ing, Then art thou
svel - ga, Pa - mi - na,_il_ co - re! Se il reo non

mei - ne Toch - ter nim - mer - mehr, so
my own daugh - ter nev - er - more, Then
muo - re, fi - glia mia non è, se il

bist du mein, mei - ne Toch - ter nim - mer-
art thou mine, my own daugh - ter nev - er -
reo `non muor, fi - glia mia non

mehr, Ah!
more, Ah!
è, Ah!

meine Tochter nimmer
my own daughter never er
figlia mia non è, non

mehr, Ah!
more, Ah!
è, Ah!

so bist du mei - ne
Then art thou my own
fi - glia mia non

Toch - ter nim - mer - mehr.
daugh - ter nev - er - more.
è, fi - glia mia non̲ è.

Ver - sto - ssen sei auf e - wig, ver -
Dis - own - ed be for - ev - er, A -
Ti la - scio, t'ab - ban - do - no, più

las - sen sei auf e - wig, zer - trüm - mert sei'n auf
ban - doned be for - ev - er, De - stroy - ed be for-
ma - dre tua non so - no, pa - ven - ta il mio fu -

e - wig al - le Ban - de der Na - tur, ver -
ev - er All the ties that bind us now, Dis -
ro - re, se non o - si es - ser cru - del. Ti

sto - ssen, ver - las - sen und zer - trüm - mert al - le
own - ed, *a - ban - doned,* *and de - stroy - ed,* *All the*
la - scio, ti la - scio, t'ab - ban - do - no se non

Ban - de der Na - tur, al - le
ties that bind us now, *Shall be*
o - si es - ser cru - del, es - ser cru -

Ban - - - - - - - -
*all*_____
del,_____

de, al - le Ban - de der Na -
the ties of love that bind us
es - ser cru - del, es - ser cru -

cresc.

tur, wenn nicht durch dich Sa - ra - stro wird er -
now, If not thro' thee Sa - ra - stro's life be
del. Svel - ga al fel - lon, Pa - mi - na, svel - ga il

f

blas - - - sen! Hört, hört,
blight - - - *ed!* *Come,* *come,*
co - - - re! Ciel! ciel! l'or-

hört, _____ Ra - che - göt - ter! hört
come, _____ *gods of ven-geance,* *hear*
ren - - - - - - do mio vo - to, ah!

der Mut - ter Schwur!
a moth-er's vow!
a - scol - ta, o ciel!

Je suis Titania
Recitative and Polonaise
from the opera "Mignon"
Abridged

Libretto by
Michel Carré and Jules Barbier
English version by Dr. Th. Baker

Ambroise Thomas
Edited by Estelle Liebling

Oui, pour ce soir je suis rei-ne des fé-es! Voi-
Yes, for this eve I am queen of the fair-ies! *Be-*

ci mon scep-tre d'or,
hold my gold-en wand,

Et voi-ci mes tro-
and be-hold all my

phé-es!
tro-phies!

40448

Polonaise

Moderato, in modo di Polacca ♩= 96

Je_ suis Ti-ta-ni-a la blon- de, Je_
I_ am Ti-ta-ni-a, the fair- y, I_

suis Ti-ta-ni- a, fil-le_ de l'air, En ri-ant_ je par-cours le mon- de, Plus vi- ve
am Ti-ta-nia, daugh-ter gay of air! Roam-ing ev-'ry-where, and ev - er mer - ry, Than swal-low

que l'oi-seau, plus promp-te_ que_ l'é-clair! Je_
swift-er_ I,_ than light-ning bold - - er far! I_

suis Ti-ta-ni-a la blon- de, Ah!_ ah!_
am Ti-ta-ni-a, the fair - y, Ah!_ ah!_

40448

Je par-cours le mon - de, ah!
Roam-ing ev - er mer - ry, *ah!*

ah! ah! ah!
ah! *ah!* *ah!*

ah! ah! Plus vi - ve que l'oi-seau, plus promp-te que l'é-
ah! *ah! Than swal-low swift- er I,* *than light-ning bold- er*

clair! Ah!
far! *Ah!*

Je suis Ti-ta-ni-a, la
I am Ti-ta-ni-a, the

blon-de, Je suis Ti-ta-ni-a, fil-le de l'air! En ri-ant je par-cours le
fair-y, I am Ti-ta-nia, daugh-ter gay of air! Roam-ing ev-'ry-where and ev-er

mon-de, Plus vi-ve que l'oi-seau, plus promp-te que l'é-clair!
mer-ry, Than swal-low swift-er I, than light-ning bold-er far!

Je suis Ti-ta-ni-a la blon-de, En ri-
I am Ti-ta-ni-a, the fair-y, Roam-ing

*40 measures of the original aria have been omitted at this point.

poco rit.

a tempo

ant___ je par-cours le mon___ -de, Plus vi-ve que' l'oi-seau, plus promp-te que l'é-
ev-'ry-where and ev-er mer___ -ry, Than swal-low swift-er I, than light-ning bold-er

colla voce

Un poco animato

clair!
far!

Ah!___
Ah!___

colla voce

accel.

cresc.

accel.

cresc.

tr

Je suis Ti-ta-ni-a, fil___ -le___ de
I am Ti-ta-ni-a, daugh ter___ of

*The next 5´ measures may be omitted, in which case the singer goes on from the sign ⊕.

Note on the following Cavatina

Any or all of the lettered optional passages given below may be substituted for the measures correspondingly lettered throughout the aria. The singer may choose in each case the passage she prefers.

Una voce poco fà
There's a voice that I enshrine
Cavatina from the opera "Il Barbiere di Siviglia"

Cesare Sterbini
English version by
Natalia Macfarren

Gioachino Rossini
(1792-1868)
Edited by Estelle Liebling

U - na vo - ce po-co
There's a voice that I en-

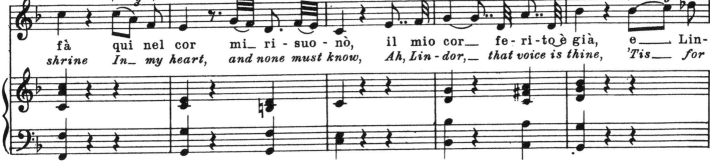

fà   qui nel cor   mi_ ri - suo - nò,   il mio cor_ fe - ri-tọè già,   e_ Lin-
shrine In_ my heart,   and none must know,   Ah, Lin - dor,_ that voice is thine,   'Tis_ for

do - ro fu che il pie - gò.   Sì, Lin - do - rò mi-o sa - rà,   lo giu -
thee___ my heart doth glow,   *Yes, Lin - do - ro___ shall be___ mine,*   *I___ have*

ra - i,   la vin - ce - rò;   sì, Lin - do - ro mi-o sa -
sworn it,   *for___ weal___ or___ woe;*   *Yes, Lin - do - ro___ shall___ be___*

lo giu - ra - i,   ah___ la vin - ce - rò.

rà,   lo giu - ra - i,   la vin - ce - rò.
mine,   *I have___ sworn it,*   *for___ weal or___ woe.*

Il tu-tor ri-cu-se - rà,   io l'in-ge-gno a-guz-ze -
My in-tent I'll not re - sign,   *Though my guard-ian should say*

Allegro moderato

Io so - - no __ do - ci - le, son ri - spet -
I am __ all __ gen - tle-ness, I'm __ all __ de -

to - sa, so - no_ob - be - dien - te, dol - ce_a - mo -
vo - tion, Hum - ble, __ o - be - dient, all __ soft__ e -

40448

None he loves but me

Er liebt nur mich allein

Il n'aime que moi!

Swiss Echo Song

Edited with an added
original cadenza by
Estelle Liebling

Karl A. F. Eckert

My_ dear-est love is far a-way, I
Mein einz'-ger Schatz ist fern, so fern, in
Mon_ bien-ai-mé, mon seul es-poir, Voy-

near to him would ev-er stay. He the moun-tains wan-ders o'er, And at
sei-ner Näh' wär ich so gern. Auf den Ber-gen zieht er weit, Und ich
a-ge loin de la mon-ta-gne, La tris-tes-se m'ac-com-pa-gne A

heart I'm feel-ing sad and sore. He_ the moun-tains wan-ders o'er, And at
fühl' ein tie-fes Her-ze-leid, auf_ den Ber-gen zieht er weit, und ich
cha-que instant de l'aube au soir, La_ tris-tes-se m'ac-com-pa-gne A

40448

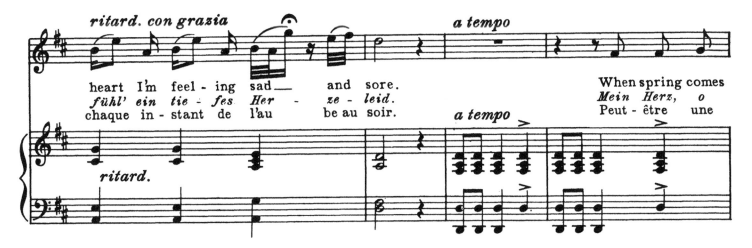

heart I'm feel - ing sad___ and sore.
fühl' ein tie - fes Her - ze - leid.
chaque in - stant de l'au - be au soir.

When spring comes
Mein Herz, o
Peut - être une

o'er___ the___ fields a - gain, Oh! were_ I mat - ed to___ him then! Will he
schlag'___ so___ bang doch nicht, an sei - ner Lie - be zweif-le nicht; in den
au - - tre plus bel - le M'en - lè - ve - ra son cœur, sa foi? Il ne

al - ways faith-ful be?___ Ay, he loves___ but me. La la
Ber - gen mag er sein,___ liebt er mich___ al - lein. La la
peut___ m'être in - fi - dè - le, Car il n'ai - - me que moi, La la

la _ la _ la _ la _ la la la la la la _ la _ la _ la _ la___
ja, in den
Non, il ne

Ah! Will he

al - ways faith-ful be?___ Ay, for none he loves, he loves but me. La___
Ber - gen mag er sein,___ liebt er mich, ja mich doch ganz al - lein. La___
peut___ m'être in - fi - dè - le, Car vrai-ment il n'aime, il n'aime que moi. La___

la___ la la la___ la la la___ la___ la___

la la la___ la la la la___ la la___ la ah · ah___

* Cadenza A is never used.
  Either Cadenza B or Cadenza C is preferable.

40448

Cadenza B with flute, written for Frieda Hempel by Estelle Liebling

Voice

Flute

Cadenza C, used by Madame Tetrazzini

Carnival of Venice

Revised by Estelle Liebling
English version by Willis Wager

Sir Julius Benedict
(after a popular Italian tune)

This edition presents a shortened and practical form of the original composition by Sir Julius Benedict.

40448

pre - sta,o bar - ca - rol;   ol - tr'il ca - nal m'a - spet - ta   co -

faith - ful gon - do - lier;   *My love awaits my com - ing,*   *The*

lui che ben mi vuol.   Se co - sa è a - mor tu sa - i,   deh

one who holds me dear.   *You know that love im - pels me;*   *Ah,*

vie - ni, non tar - dar,   e quel che tu vor - ra - i   pro -

come, do not de - lay.   *The fee you are de - sir - ing,*   *To*

met - to a te do - nar.
you I'll glad - ly pay.
Tra la _____

ah _____ tra la _____ tra

la _____ la tra la _____

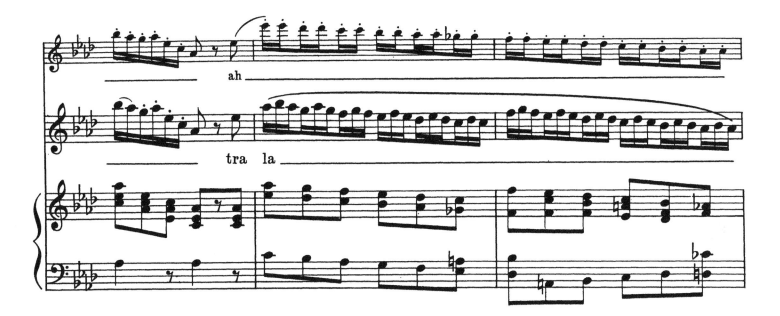

tra la ___ ah ___ tra

Ossia

la ___ ah ___ ah ___ La
Pre -

rit. - al -

lento

bru - na gon - do - let - ta, ah, ___ ap - pre - sta, o bar - ca-
pare __ your boat __ for sail-ing, ah, ___ O __ faith - ful gon - do-

rol; ah,— ah _____
lier; ah,— ah _____

ah _____

Cad.

ah _____

*Alternative Ending

ah _____

Mother Dear

Yvonne Ravell*

Polish Folk-Song
Arranged by Estelle Liebling

*Words printed by special permission

la___ la la la la la___ la la la la la___ la

la la la Scar-let shoes

he's wear - ing, Moth-er mine. Yes, and some buck-les, too!

Good-ness me, how they shine! Moth-er, I love him true! Ah _____

ah _____ ah _____

meno mosso

ah _____ Ah _____ la la la Ah _____ la la la

meno mosso

Con grazia

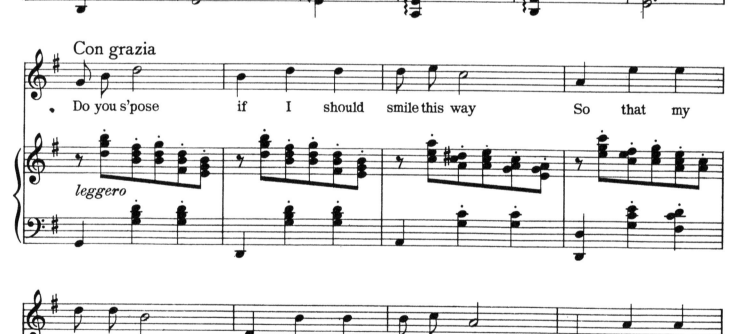

Do you s'pose if I should smile this way So that my

leggero

Hans could see, Moth - er, that he would· say, "Gre - tel, do

mar-ry me!"   Ah＿＿＿＿＿＿   ah＿＿＿＿＿＿

ah＿＿＿＿＿＿＿＿＿＿   ah＿＿＿＿＿＿

ah＿＿＿＿＿＿＿＿＿   ah＿＿＿＿＿＿

ah＿＿＿＿＿＿＿   ah   ah

Ah! non credea mirarti.... Ah, non giunge

Who thought to see thee languish....Add no thought from the world of mortals

Aria from the opera "La Sonnambula" *

Felice Romani
English version by Willis Wager

Vincenzo Bellini
Revised by and supplied with cadenzas written by
Estelle Liebling

*Sung by Amina as the final aria in the opera

mo - - re che un gior - no so - - lo, che un gior - no sol __ du -
hour, _____ *And one day on - ly but one __ day will re*

Ossia

ah, sol __ du - rò.

rò, __ che un gior - no so - lo, ah, sol du - rò.
main, __ *And will one day on - ly, ah, one, re - main.*

Pas - sa - sti al par d'a - mo -
Like love that has its hour __

re

Che un

And

gior - no, che un gior-no sol du - rò.
one day, ah, one it will re - main.

Ossia

- go — re

Po - tria no-vel — vi - go — re   il pian - to, il pian-to mio re -
I may re-store this — flow — er   By tears, by tears of bit - ter

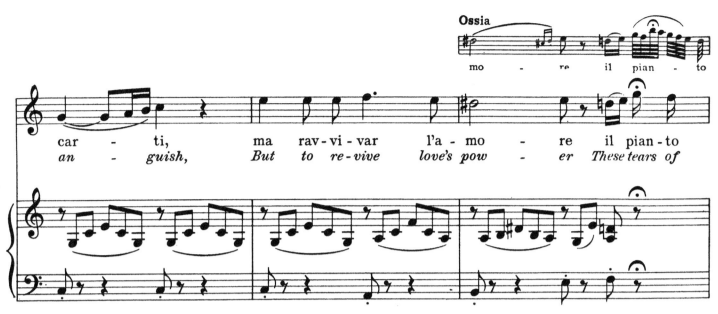

 rò, che un gior-no sol du-rò, pas-sa-sti al par _____ d'a-
main, ah, one day a-lone re-main, like pas-sion that has _____ an

mor, ah! _____ ah,___ d'a-mor. _____
hour, ah _____ ah ___ an hour. _____

Allegro

Allegro moderato

Ah, non giun - ge _ u-man pen-sie - ro _ al con-
Add no thought from _ the world of mor - tals _ To the

ten - to _ on - d'io son pie - na: a' miei sen - si _ io cre-do ap-
rap - ture _ my heart is feel - ing: What my sens - es _ are now re-

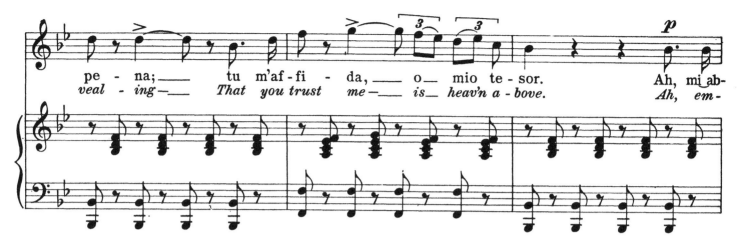

pe - na;____ tu m'af-fi - da,____ o__ mio te - sor. Ah, mi ab-
veal - ing____ That you trust me—___ is__ heav'n a - bove. Ah, em-

brac - cia, e sem-pre in sie - me, sem-pre u -ni - ti____ in u - na
brace me, in me con - fid - ing, Re - u - nit - ed,____ in hope a-

spe - me, del - la ter - ra____ in cui vi - via - mo____ ci for-
bid - ing. Of the wide world,____ where fate may take us,____ We shall

mia - mo____ un ciel d'a - mor, del - la ter - ra in cui vi-
make us____ A heav'n of love, Of_____ the wide_____ world, where fate may

via - - mo ci for - mia - - mo un ciel d'a - mor, d'a - - -
take_____ us We shall make_____ us A heav'n of love, of_____

mor, d'a - - - mor,_____ Ah!
love, of_____ love!_____ ah_____

colla voce

Più vivo

f

brac - cia, e sem-pre in - sie - me, sem-pre u - ni - ti _____ in u - na
brace me, in me con - fid - ing, Re - u - nit - ed, _____ in hope a-

spe - me, del - la ter - ra _____ in cui vi - via - mo _____ ci for-
bid - ing. Of the wide world, _____ where fate may take us, _____ We shall

mia - mo _____ un ciel d'a - mor, del - la ter - ra in cui vi-
make us _____ a heav'n of love, Of _____ the wide _____ world, where fate may

mia - mo _____ un ciel d'a - mor

† In place of the ensuing passage, one of the cadenzas given on pages 119-20 may be used

Cadenza A

 ah!

Cadenza B

ah!

Cadenza C

ah!

Cadenza D for Voice and Flute

Voice

Flute

Ossia

Ah! Je veux vivre

Ah! Nella calma
Ah! I would linger

from the opera "Roméo et Juliette"

English words by
H. Millard

Charles Gounod
Edited by Estelle Liebling

Ah! _____
Ah! _____
Ah! _____

40448

40448

Où l'on pleu - - re, Le cœur cè - de à l'a - mour, Et__ le__
Che tre - man - - te All' A - mor__ s'a-pre il cor, E__ tut -
fol - lows weep - ing, Love com-eth,__ peace hath fled, Love cometh,

bon - - heur__ Fuit sans__ re - tour.__ Ah!
to, ohi - - mè__ sva - - ni - sce al - lor!__ Ah!
Love cometh, and peace hath fled.__ Ah!

Je veux vi - vre__ Dans
Nel - la cal - ma__ D'un
I would lin - ger__ in

ce rê - - ve__ qui m'en - i - - vre__
bel so - - gno__ dol - - ce all' al - - ma__
this day - dream__ That en - - thralls__ me

40448

Long - - temps en - - cor__ Dou - - ce
Vi - - vo__ o - - gnor: E fi -
thus at__ twi - - light; Sweet and

cresc. molto

flam - - me_____ Je te gar - - de_____
den - - te_____ Lo va - - gheg - - gio_____
hap - - py_____ does this day_____ seem,_____

dans mon â - - me_____ Com - - me un tré -
nel - - la men - - te_____ Co - - me un te -
Born of bliss_____ and_____ beau - - ty_____

Meno presto, ma insensibilmente

sor! Loin__ de l'hi - ver mo - ro - se Lais - se = moi,_____
sor, Lun - gi dal ver - - no al gen - te, Vog - lio an - cor,_____
bright. Far__ from the cold world's sor - row Let me rest,_____

lais - se - moi som-meil - ler, Et __ res-pi - rer la ro - se,
_vog - li_o_an - co - ra spi - ra,_ _L'au - ra d'A - pril te - pen - te,_
__ let me rest in my dream; Leave __ to stern fate the mor - row,

Res-pi - rer la ro-se A-vant de l'ef-feuil-ler. Ah! _____
Che fa ba - - ci, che fa ba - ci so-gnar. _Ah! _____
Now the ros - es bloom And youth sheds its per-fume. Ah! _____

Tempo I°

Ah! _____ Ah! _____ Ah! _____
_Ah! _____ _Ah! _____ _Ah! _____
Ah! _____ Ah! _____ Ah! _____

cresc.

_f tr_

Dou - ce flam — — me Res — — te dans mon â — —
Quest' e - brez — — za Di gio - vi - nez —
Sweet and hap — — py, Ah! sweet_ and hap —

me Com - me un doux tré - sor_____ Long - temps
za Dol - ce par - la al cor_____ Più d'o —
py, Ev - er is youth's dream_____ Most sweet

en — — cor!_____
gni a — — mor!_____
and fair,_____

Ossia

Ah!_____
Ah!_____
Ah!_____

(com-me un tré - sor)   Long - - temps   en - cor, en -
par-la al mio cor,   *Più* _____ *d'o* - *gni a* - -
is _____ love's _____ young _____

cor! _____
mor! _____
dream! _____

Voci di Primavera

Voices of Spring

Waltz-Song

Italian words by Italo Celeste
English words by Willis Wager

Johann Strauss, Op. 410
Edited and supplied with cadenzas by
Estelle Liebling

Com - par - ve - ro_____ le ron - di - ni, il ze - fi - so
The sound__ of_ spring__ is_ in the air, The birds so

ro spi - rò,_____ e_ mon - ti e pra - ti a pal - pi -
sweet - ly sing;_____ And hill____ and dale____ are spark - ling

ti no-vel - li ri - chia-mò!_____ O_ pri - ma -
fair, And with the ech - oes ring._____ O_ Spring - time

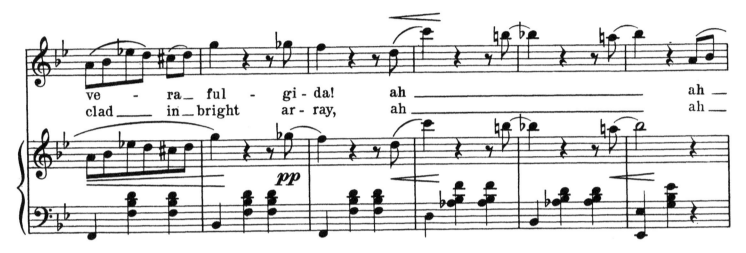

ve - ra_ ful - gi - da! ah _____ ah _
clad____ in_bright ar - ray, ah _____ ah _

in o - gni cuor, ah _____ tu
With us re - main, ah _____ And

sve - gli l'a - mor! Si ri - de - sta tut - to_in fe - sta,
o - ver us reign. Sor - rows van - ish, Fear we ban - ish,

40448

vo - lut - tà   tut - to_è già;   l'au - gel - lin, ah ___
Sun - shine bright   brings de - light,   In the sun, ah ___

sul mat - tin, ah ___ spic - ca_al sol _____ ah ___
Let us run, ah ___ Laugh and play, _____ ah ___

___ ah ___ il vol!
___ ah ___ to - day.

Com - par - ve - ro le ron - di -
The sound of spring is in the

ni, il ze - fi - ro spi - rò, a mon - ti e
air, The birds so sweet - ly sing; And hill and

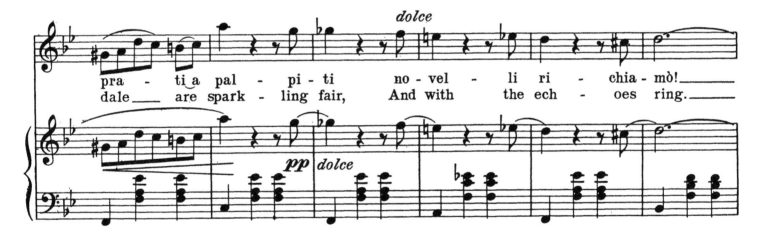

pra - ti a pal - pi - ti no - vel - li ri - chia - mò!
dale are spark - ling fair, And with the ech - oes ring.

O pri - ma - ve - ra ful - gi - da! ah
O Spring - time clad in bright ar ray, ah

ah _____ in o - gni cuor, ah _____
ah _____ With us re - main, ah _____

tu sve - gli l'a - mor! _____ Ah! _____
And o - ver us reign. _____ Ah! _____

Sì, _____ fer - vi lim - pi - do or vi - ci - no _____
Deep _____ in the shad - y grove, Birds have rest - ed, _____

suon di - vi - no, éd in me si___ de - sti a -
Snug - ly nest - ed; Phil - o - mel pours___ forth her

mor,_____ ah _____ si de - sti a - mor!_____
love,_____ ah _____ her ten - der love:_____

Ah mio
Ah, my

cuor, ah _ no, no,_ non tar - dar ad a - mar!
own, ah _ no, do_ not de - part, Dear-est_ heart,___

Ossia

leggero

- to. Ah _____ ah _____
- ness. Ah _____ ah _____

pp

cresc.   f   rit.   p tr

Ter - ra_e ciel ___ du lu - ce splen - - de - rà, ah ___
Earth and sky ___ with rap - ture o - - - ver - flow, ah ___

cresc.   f   rit.   p

pp

ah _____ ah _____
ah _____ ah _____

pp

___ ah _____ splen - de - rà' _____
___ ah _____ o - ver - flow. _____

ppp

Tut - to ri - vi - ve _____ nel ful - gor, _____
Hearts, now re - viv - ing, _____ ra - diant glow. _____

tut - to spi - ra _____ nuo-vo_ar-do - re, ah _____
All are sing - ing _____ in the spring - time, ah _____

ah _____
ah _____

Com- par - ve - ro le
The sound of spring is

ron - di - ni, il ze - fi - ro spi - rò;_____ e
in the air, The birds so sweet - ly sing;_____ And

mon - ti e pra - ti a pal - pi - ti no - vel - li ri - chia- mò!_____
hill__ and dale__ are spark - ling fair, And with the ech - oes ring.__

O— pri - ma - ve - ra— ful - gi - da! ah——
O— Spring - time clad—— in—bright ar - ray, ah——

ah——
ah——
in o - gni cuor, ah—
With us re - main, ah—

tu sve - gli l'a - mor, ah sì—— in o -
And o - ver us reign, O Spring,— with us—

- gni cuor!— ah—— ah——
—— re - main. ah—— ah——

*Instead of the four measures between asterisks, the following cadenza may be interpolated:

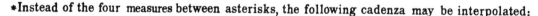